珠江时间

The Pearl River Time

1984—2024

许培武　王璜生　于涛　胡群山　著

广西师范大学出版社
·桂林·

珠江时间：1984—2024

ZHUJIANG SHIJIAN：1984—2024

出版统筹：张　明
责任编辑：张文雯
助理编辑：侯　彬
书籍设计：陈振煌
责任技编：伍先林

图书在版编目（CIP）数据

珠江时间：1984—2024 / 许培武等著. -- 桂林：广西师范大学出版社，2025.5. -- ISBN 978-7-5598-8017-8

Ⅰ．K928.42-64

中国国家版本馆CIP数据核字第20252BT926号

广西师范大学出版社出版发行

（广西桂林市五里店路9号　邮政编码：541004）

网址：http://www.bbtpress.com

出版人：黄轩庄

全国新华书店经销

广西广大印务有限责任公司印刷

（桂林市临桂区秧塘工业园西城大道北侧广西师范大学出版社集团有限公司创意产业园内　邮政编码：541199）

开本：787 mm × 1 092 mm　1/8

印张：20.5　　字数：120千

2025年5月第1版　　2025年5月第1次印刷

定价：268.00元

如发现印装质量问题，影响阅读，请与出版社发行部门联系调换。

目 录
Contents

I   作为地方叙述的珠江摄影   顾铮

3   南沙，南沙 2002—2024   许培武

47   珠江·溯源 1984   王璜生

93   珠江·踏浪而歌 2011—2013   于涛

127   珠江源·盘江考 2013—2024   胡群山

作为地方叙述的珠江摄影

顾铮

就我个人的印象而言，总的来说，在我们的国族叙事里，长江、黄河总是和"中原""中土"这样的宏大地缘概念联系在一起，并且有一种至高无上的形象，也不断激发、衍生各种丰富的国族想象。而珠江，作为中国第三大河，虽然滋养了众多人口，流经之处也是物阜民丰之地，但也许因为该流域地处中国南部，在历史上属于边远之地，因此在整体的国族叙事中，其"能见度"相对于长江、黄河低了不少，处于相对边缘的状态。和有关长江、黄河的文字与图像记录之汗牛充栋的情况相比，有关珠江的叙述则显得比较逊色。由于珠江三角洲在历史上，尤其是在改革开放以来的中国当代史中占据了重要的历史地位，因此即使是讲述珠江，人们也更多地将眼光投注于经济发达的珠江三角洲地区，从宏观视野出发的多视角的珠江叙述并不多见。这不足为怪。然而，这种在相当程度上显现的有关中国叙述的不平衡现象亟须打破，并通过各种方式加以平衡。珠江及其流域所具有的自然与人文的独特性，当然需要我们加以深切关注，通过对其特殊性的深入挖掘，使得其在更为周全的有关中国的整体叙述中占据更为明确与明显的位置。珠江这个巨大水系空间所具有的丰富性和复杂性，当然具备了无限探索的可能性，就看人们有没有相应的历史意识、文化准备和叙述能力去深入展开之。在更为周全的中国叙述中，有关珠江的视觉人文叙述越深入，也就意味着有关中国的认识可以更丰富、更开阔、更深入，进而使珠江在有关人类活动的叙述中获得应有的地位与意义。今天，令人兴奋的是，《珠江时间：1984—2024》这本书的出版，以及随之举办的巡回展览，正是这种结合了微观和宏观视角、历时40年的珠江叙述在深入实践中的具体展现。

1984年，28岁的王璜生与另一位青年骑着自行车开始了珠江溯源的旅程。一路上，除了写生、赋诗、记事，他还拍摄了近1000张照片。这些照片质朴直接，充满了活力，生动地展现了他溯源路上所见。王璜生的这次珠江寻根之行，是他个人的一次寻找自我之行，在某种意义上也是其艺术的原点。而今视之，这次寻根与寻找自我相结合之行，也成为本书所涵盖的40年时间的原点。

与王璜生眼中看到的相对原生态的珠江不同，许培武费时10多年拍摄的南沙照片中，出现了各种人为因素对于自然的介入。2002年，新闻摄影记者许培武来到南沙这个广州的珠江入海口。他采用了长宽比悬殊的宽画幅，以特殊形制的开阔视野，容纳更多信息，在刷新视觉、超越新闻摄影局限的同时，赋予画面以诗意。许培武由此开始了对于南沙长达十几年的记录，为发生在南沙的巨大变化保留了珍贵的视觉文献，也实现了摄影在记录与表现之间的平衡。

自称是"异乡孤客"的于涛，从2008年开始在广东生活、工作，现在仍然过着在广东中山与陕西西安之间来回穿梭的生活。从2011年至2013年间，他拍摄了名为《珠江》的系列作品。这是一种保持了某种抽离状态的凝视，他以淡化叙事的、较为主观化的观看方式，呈现了一种风格独特的珠江景象。

而胡群山拍摄的是处于云南境内的珠江源头景象。她以田野调查的方法记录当地的风土人情与文化遗存。这是一种出于历史意识和责任感的记录行为。当我们从许培武和于涛的珠江照片里看到人为介入的存在变得越来越显眼甚至刺目时，我们就会知道胡群山的摄影记录工作的意义所在了。

尽管四位摄影家的目的、诉求重点和手法语汇有所不同，但都以流域分布广泛、各处地貌殊异，尤其是地方文化特色浓郁的珠江为主题展开，从不同角度，以不同手法呈现了珠江的历史风貌与变化。他们活动于珠江流域的不同区域，以不同的创作方式处理作为题材和对象的珠江，既展现了各自对于珠江的理解和情感，也呈现了各自不同的对于摄影这一视觉形式的独特见解，于摄影潜力和魅力的开发，都作出了自己的探索与贡献。他们当中，有的是深度观察、长期经营，如许培武；有的是进行全域贯通型的扫视，试图构建一幅具有整体性的画面，如王璜生；有的是以漫游的方式，一意捕捉符合自己心象的图像，堆垒起一个个有关珠江的主观意象，如于涛；还有就是如胡群山那样，对某个具体地方作深度田野调查式的考察。作为一个被摄对象，珠江的深邃和复杂永远值得广大视觉工作者去面对它、呈现它。四位摄影家以他们的才华、才情，向我们呈现了珠江丰富、复杂、多样的面貌，这是对珠江的致敬，也是对历史与现实的尊敬。他们的珠江影像，既属于他们自己，也是能够为大家共享的地方记忆。我相信，同时也希望他们的工作能激发大家强烈的冲动和好奇心，并进一步激励大家以更多元的方式，来展开不拘一格的包括珠江在内的各种各样的地方叙述，让地方的意义与价值得以充分彰显。

顾铮，策展人，评论家，复旦大学新闻学院教授，复旦大学视觉文化研究中心主任

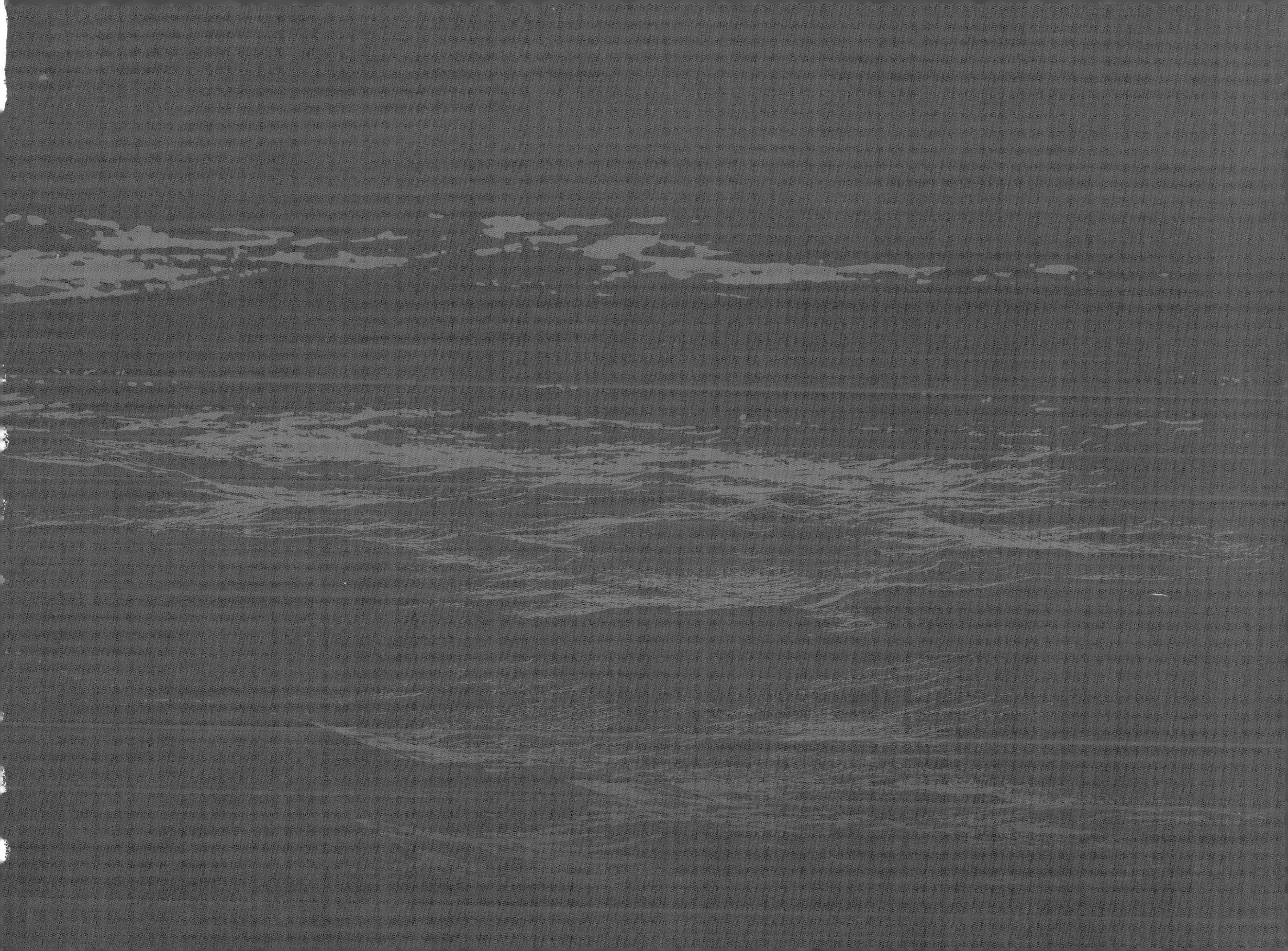

許培武

许培武

南沙，南沙 2002—2024

2002年冬天，我带着一部宽幅相机走入广州出海口——南沙，开始了在这里的摄影历程。冬日的阳光铺洒在荒芜的旷野上，笔直宽敞的道路延伸到旷野的尽头，道路两旁的灌木、蕉林、菜地、积水塘，还有鸟群飞过的片片银色毫芒，都弥漫着浓浓的乡土气息。三五公里内，偶尔能见到工厂、仓库、地产楼盘。深入乡村，仍可见当地人以原始的推网方式在河涌捕捞鱼虾。山之巅，一个废弃的采石场，凹陷的石坑被雨水浇成高山平湖，风过水皱，泛起微波，稍有植被的裸露山体，映在碧波里……这是我第一次进入南沙见到的景观。

南沙位于广州最南端、珠江虎门水道西岸，东与东莞隔江相望，西接中山、顺德，北与番禺隔水相连，南濒珠江出海口伶仃洋。在中国近代史上，南沙是中英海战的主要战场。1841年2月，英军抢占虎门珠江口下横档岛，广东水师提督关天培率领几百名清军奋力抗击，由于兵力强弱悬殊，清军全部阵亡，谱写了一段英勇悲壮的海战历史。新中国成立后，南沙区域先后隶属东莞县、中山县、珠海县，1959年隶属番禺县。1993年设立南沙经济技术开发区。2002年，广州开启南拓发展步伐，提出在南沙再造一个新广州，广州南沙开发区建设指挥部正式挂牌，南沙迎来了第一次发展机遇，我的南沙拍摄项目也由此拉开序幕。

从广州市区驾车前往南沙，到达进港大道南沙牌坊，需要两个多小时车程，沿进港大道驶到道路尽头就是交通最繁忙的虎门轮渡码头。1991年至2019年的28年间，码头作为连接广州与东莞的水路运输通道，促进了两地的经济发展，成为一个时代记忆。沿进港大道右转，进入另一主干道——港前大道，沿港前大道直行，穿过虎门大桥引桥，马路左侧出现一片海边滩涂。滩涂平地立起一座奇特的"钢架游轮"建筑——南沙客运港。这是内地连接香港、澳门的重要港口之一。滩涂往南延续，又一座耸立的高楼——南沙大酒店，在荒芜的空旷地里颇为壮观，自建成后至现时，一直是南沙为数不多的地标建筑。

另一条主干道为环市路。沿此路从北到南，都是大片农田、林地、河涌、民房，感受不到任何现代城市气息。在我早年拍摄的照片里，环市路邻近牌坊旁的地产楼盘逸涛雅苑中，小男孩光着身子在泥塘里玩耍；隐落在蕉林里的发电厂，烟囱飘着袅袅白烟；蕉林河边，三三两两乡里人临江垂钓；港前大道南端，香港中华总商会大厦与漫步于此的黑山羊相映成趣；最南端的万顷沙，有水乡、湿地、红树林，傍晚时分，鹭鸟低飞返林。

实际上，连接南沙中心区域到龙穴岛的凫洲大桥，以及连接龙穴岛与万顷沙的新龙特大桥未开通之前，南沙的交通极为不便，城建开发的进程也是缓慢的。2005年，南沙正式建区，政府办公大楼、规划馆等在蕉门河畔相继落成，蕉门河一河两岸的新景观渐渐成为南区新名片，南沙发展开启新里程。

时光到了2022年6月，国务院印发《广州南沙深化面向世界的粤港澳全面合作总体方案》，由此全面提升了南沙作为粤港澳大湾区核心区域的重要战略地位。我重返南沙，全方位拍摄南沙20年变迁史。现时，虎门大桥下的海边滩涂，建有游艇会、邮轮母港；大角湾小渔船避风港变成滨海公园、南沙花园酒店；龙穴岛内，建成珠江三角洲西部唯一深水港——南沙港；万顷沙十八涌至十九涌滩涂蝶变为广州最大湿地公园，每年大批候鸟从西伯利亚飞到这里，以这里为歇脚地，再远赴澳大利亚越冬。凭海临风，回眸湖岛，"落霞与孤鹜齐飞，秋水共长天一色"。

2025年秋天，第十五届全运会将在粤港澳大湾区举办，这个机遇必将给南沙带来新一轮发展，广州再造一个新城，未来可期。

——许培武

5　　南沙湾芦苇秋色　2002年

p6—7　南沙湾湿地　2003年

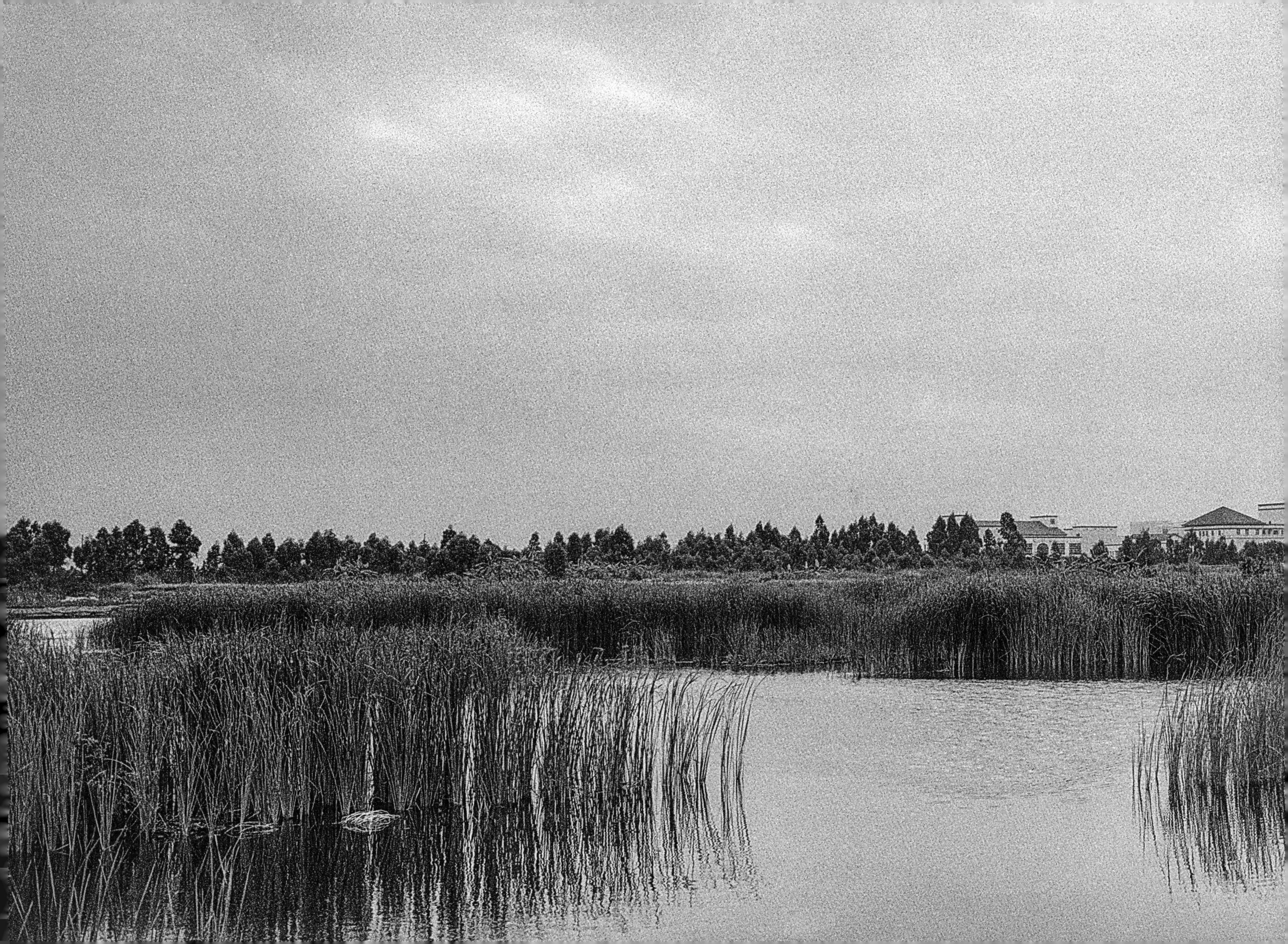

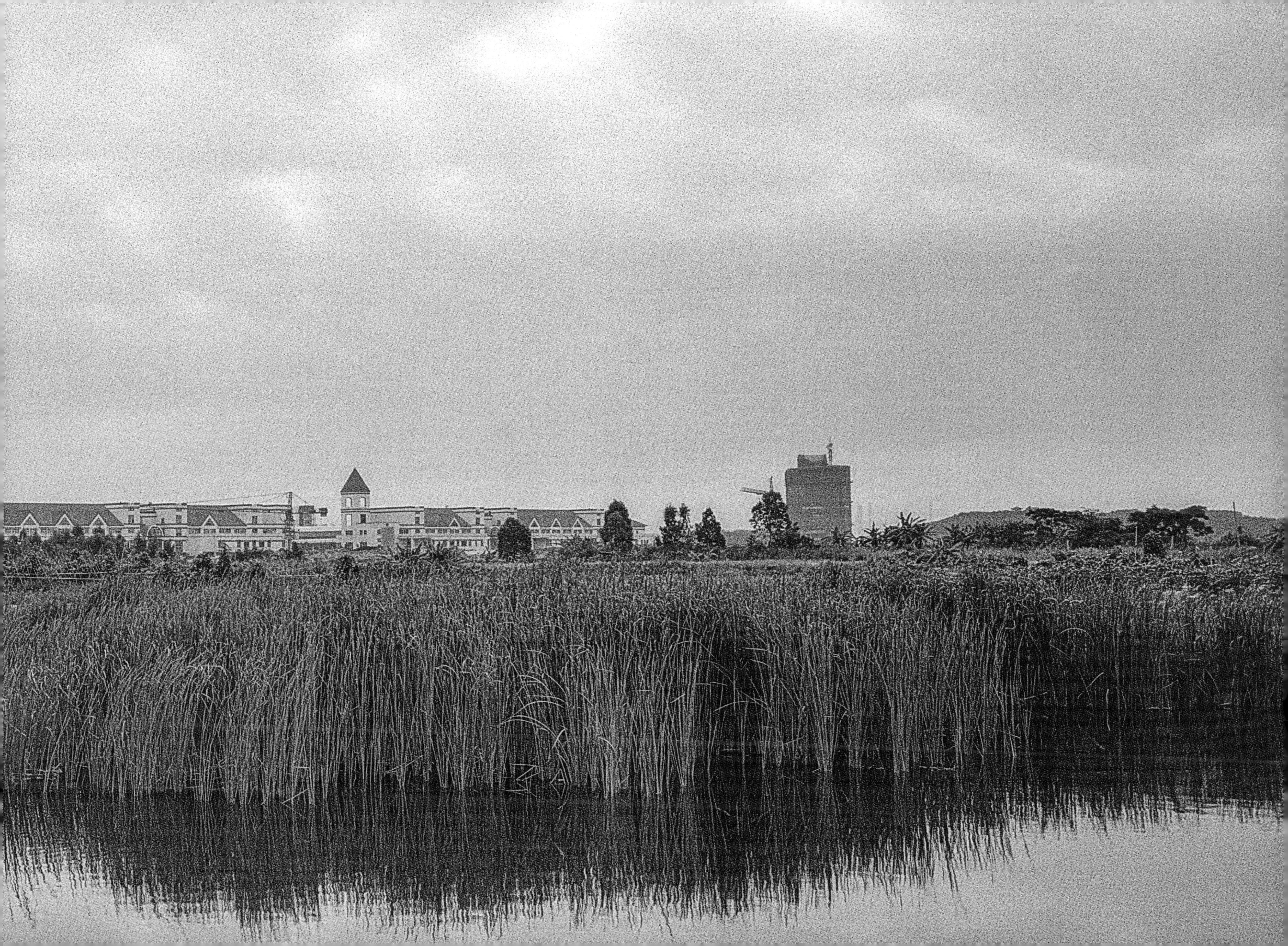

南沙湾绿地广场，邮轮母港前身　2003 年

p10—11　环市西路农田春耕　2003年

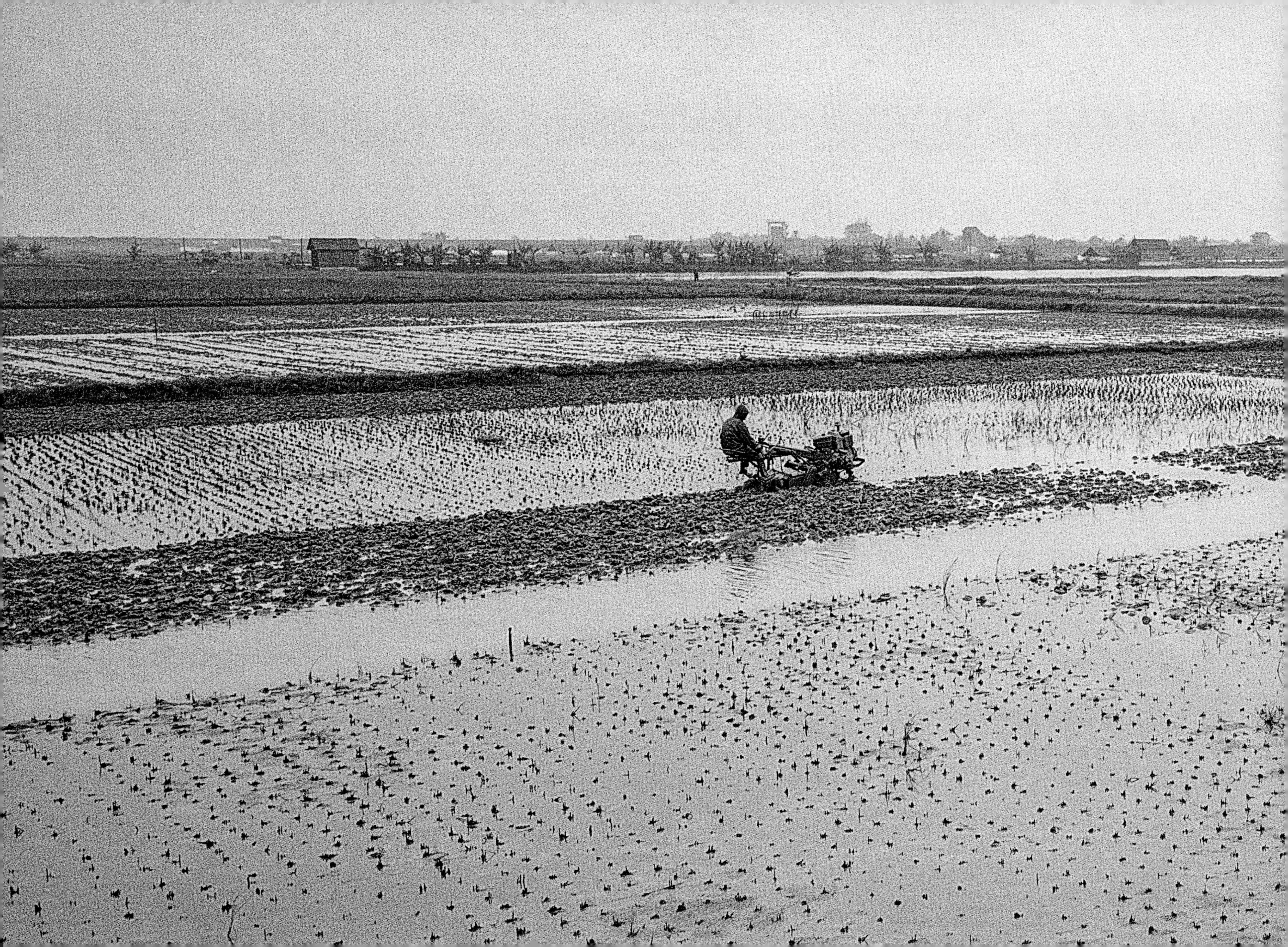

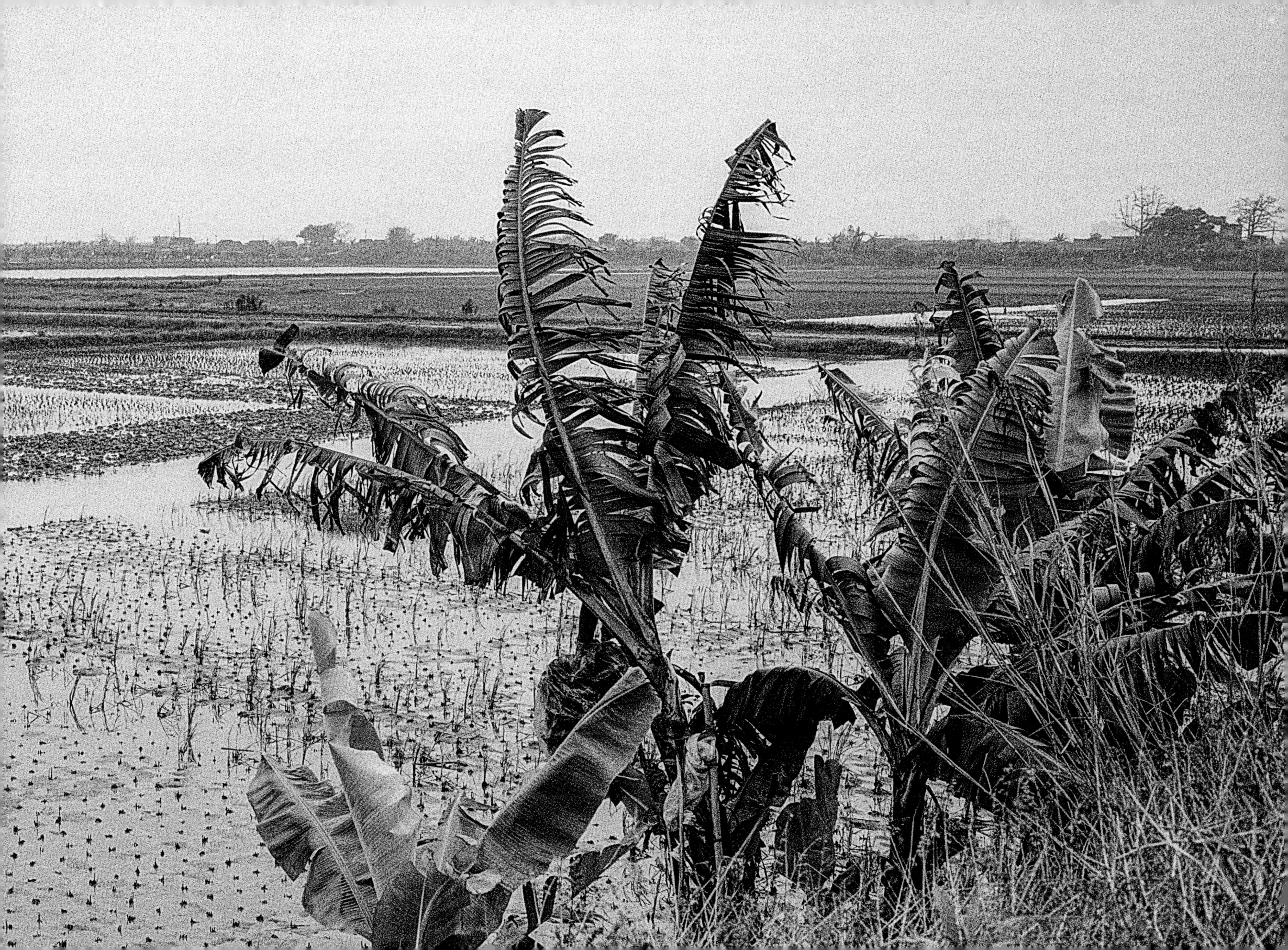

南沙湾在建客运港　2003 年

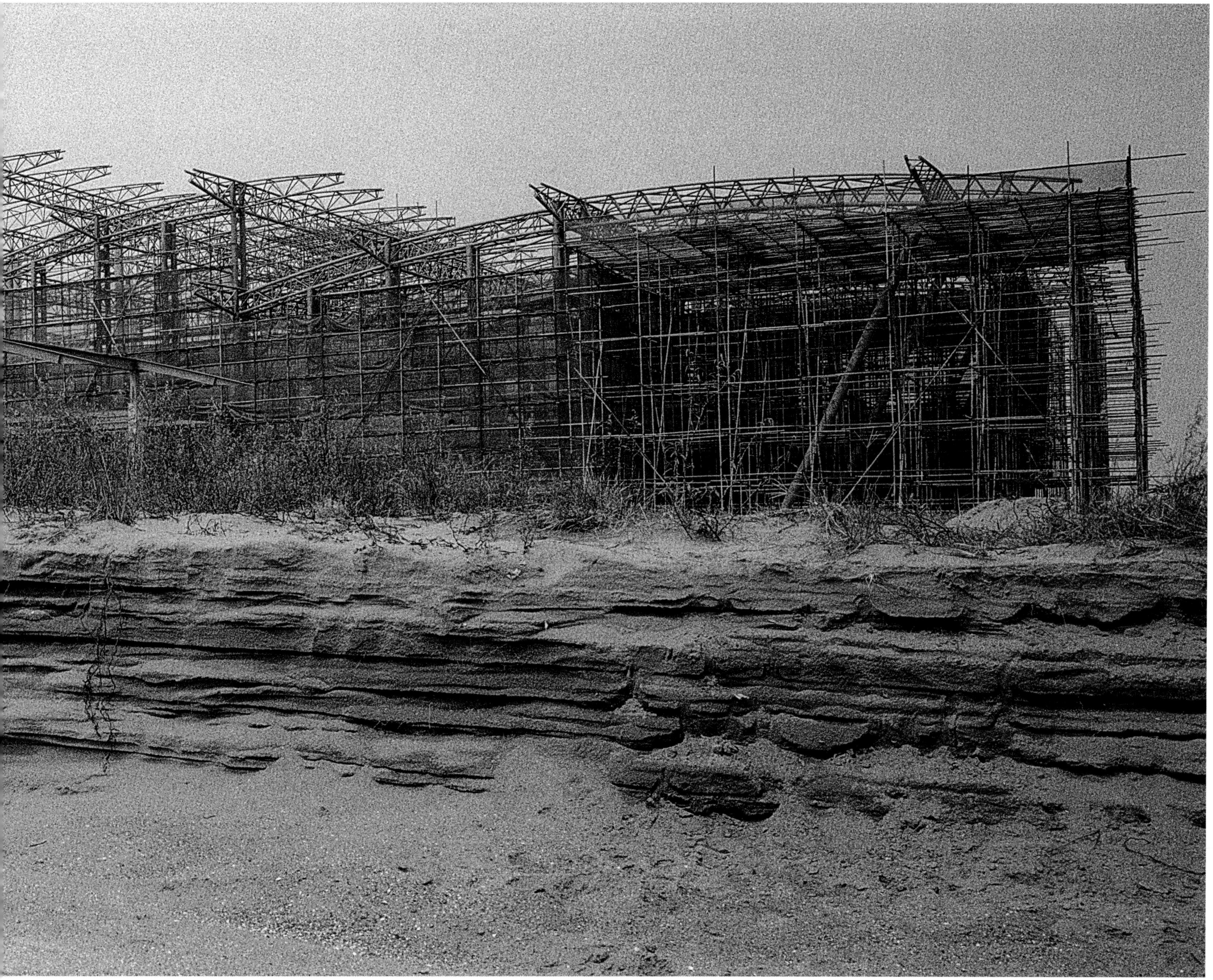

进港大道虎门轮渡 2003年

南沙湾海岸滩涂，游艇会前身　2002 年

南沙湾通往大海的河涌 2003 年

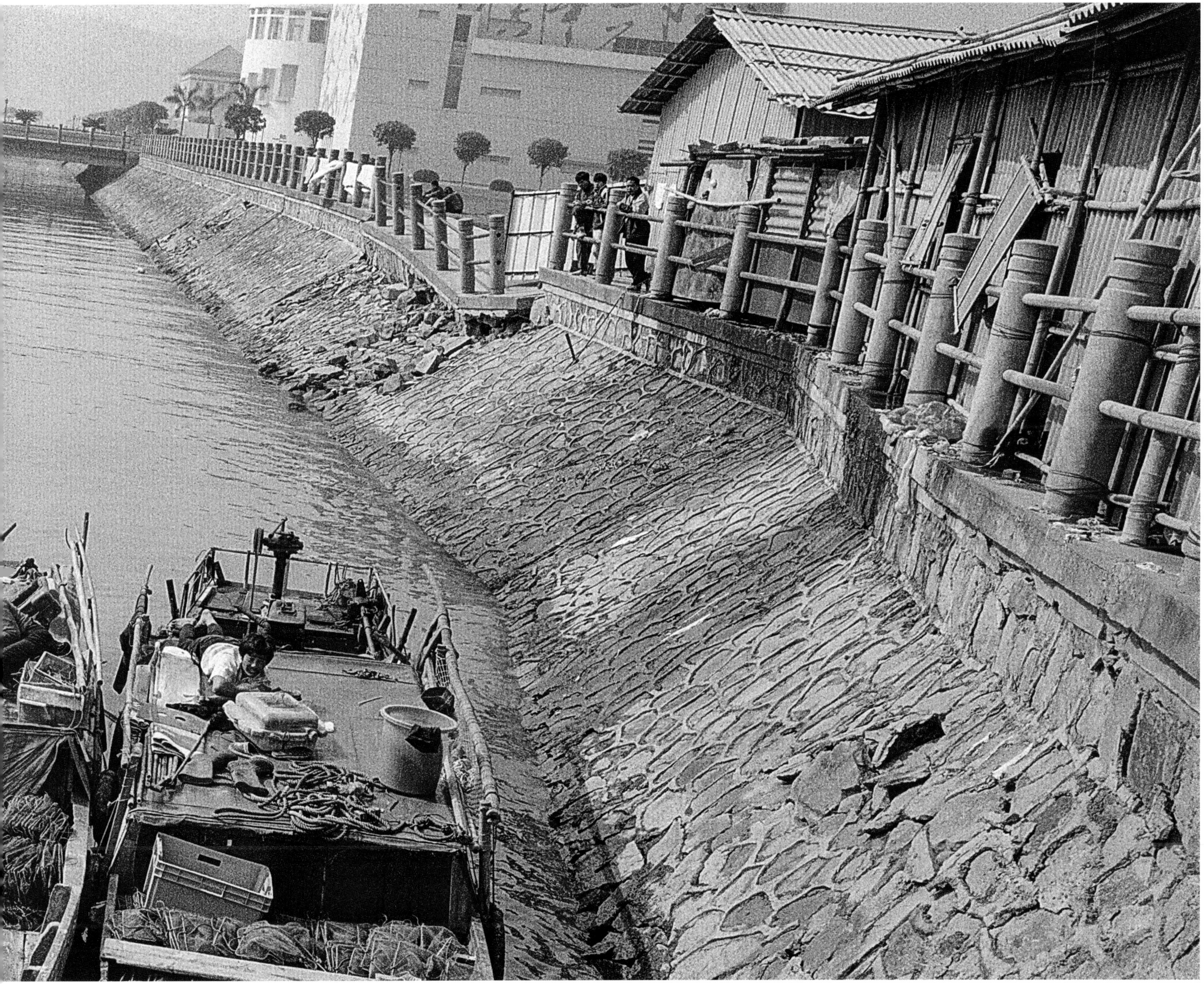

大沙角渔船避风港，现南沙花园酒店在此落成　2005 年

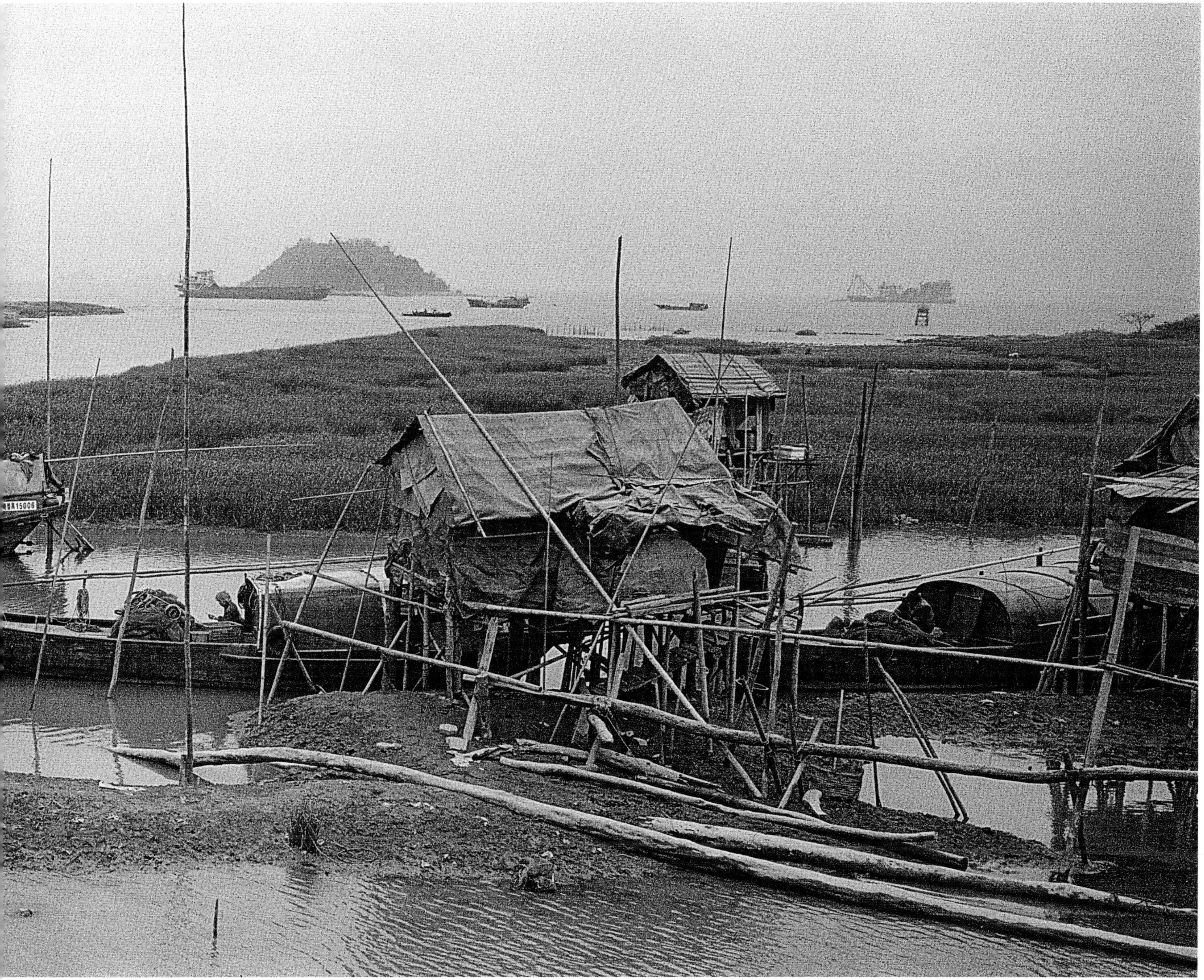

黑山羊走在港前大道旁的荒凉地　2005 年

水牛在南沙大酒店前草地小歇　2005 年

万顷沙垂柳荷塘，湿地景区前身　2005 年

黄阁小虎石化基地前，虾农在劳作　2004 年

南沙湾荷塘秋色　2024 年

p26—27　珠江出海口蕉门河道"海樵问路"　2005年

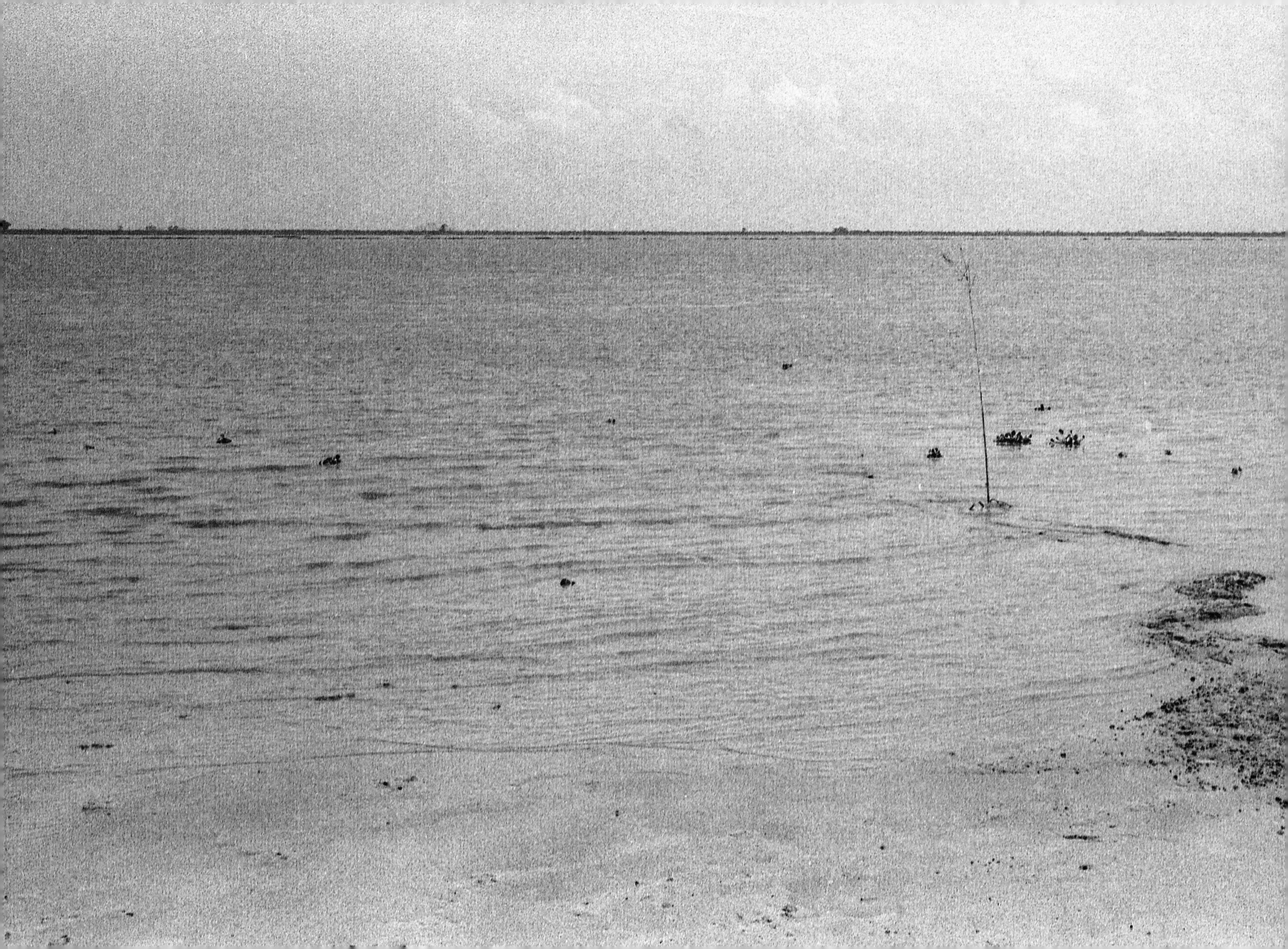

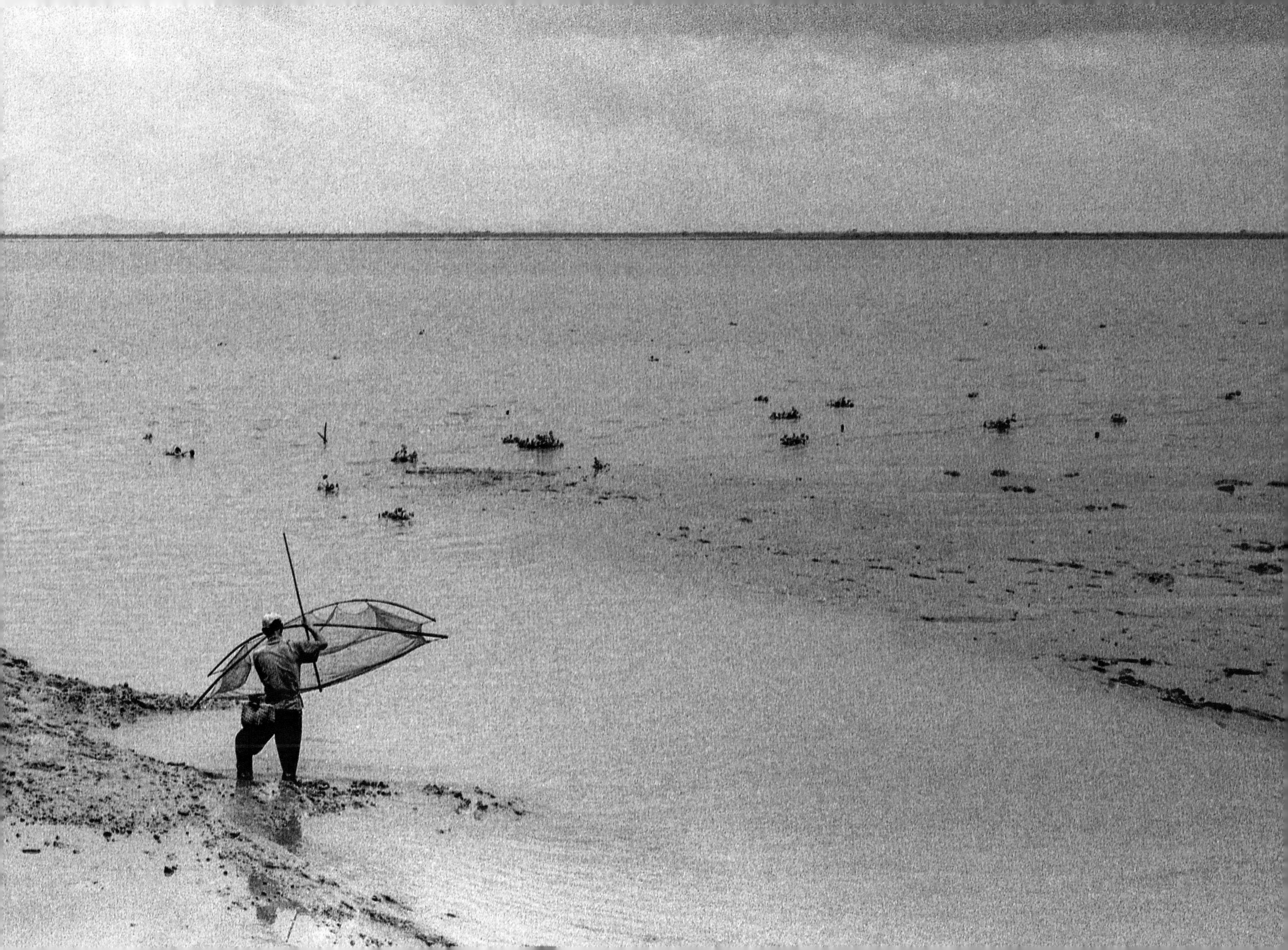

在建中的滨海长廊，现这里是海滨公园　2006 年

大角湾渔船避风港 2015年

p30—31 万顷沙十九涌遥望龙穴岛，犹如海市蜃楼 2014年

龙穴岛码头货柜 2014年

三民岛红树林尽头，珠江出海口　2013年

龙穴岛远处的造船厂　2013年

万顷沙工业基地　2014 年

龙穴岛在建集装箱码头　2016年

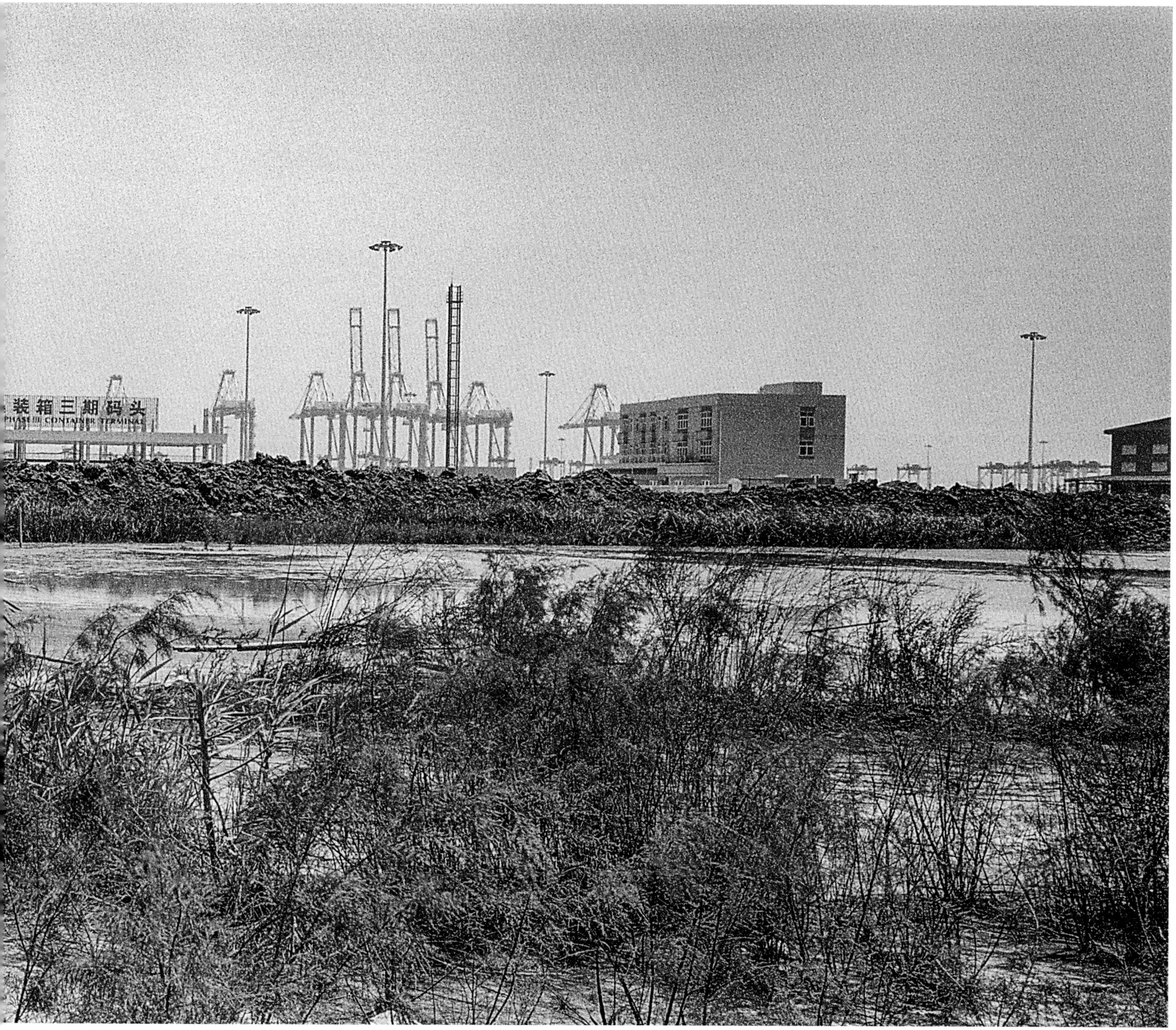
装箱三期码头
PHASE III CONTAINER TERMINAL

昔日废弃采石场，建成地产楼盘　2015 年

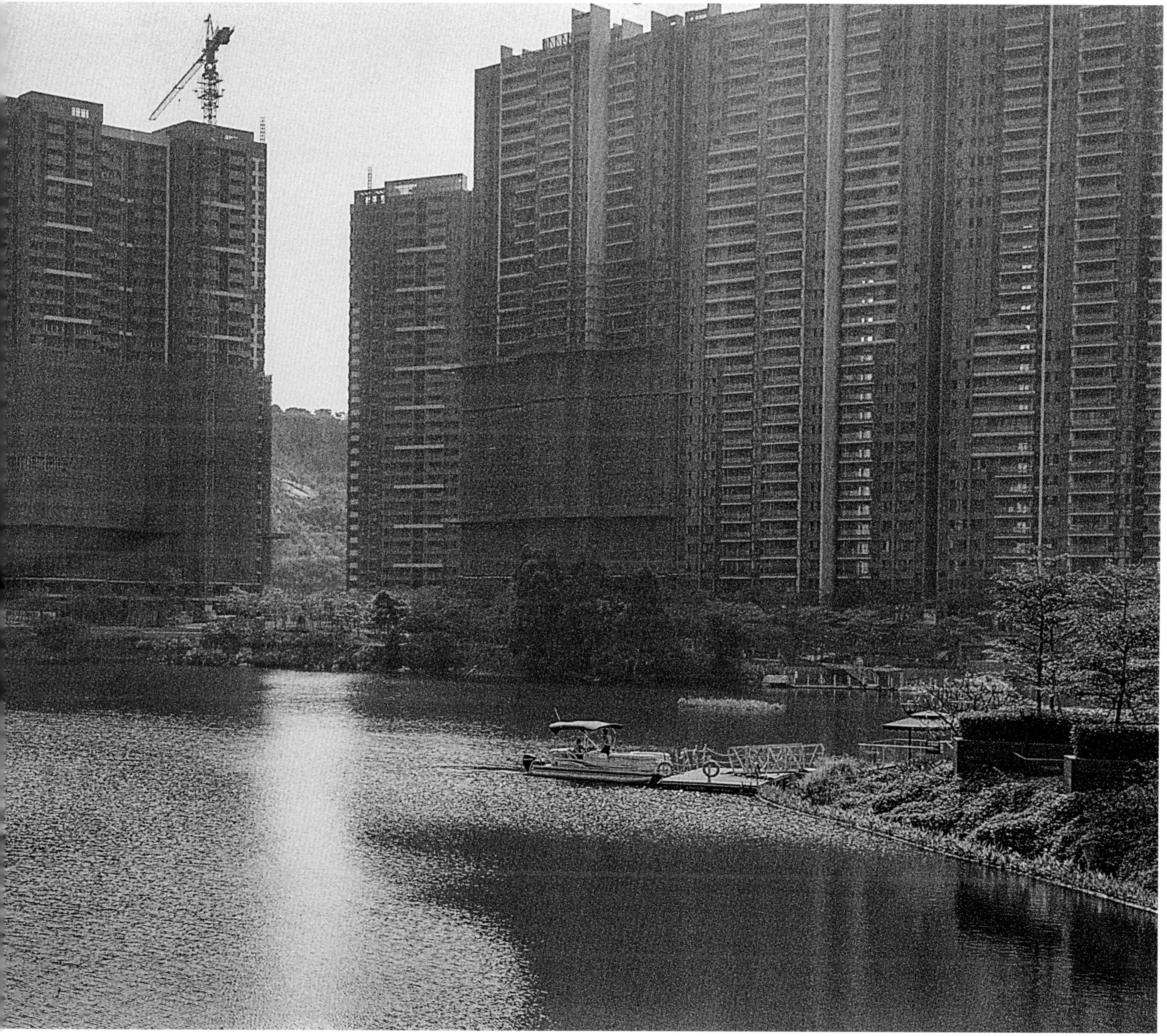

大角山俯视南沙湾　2016年

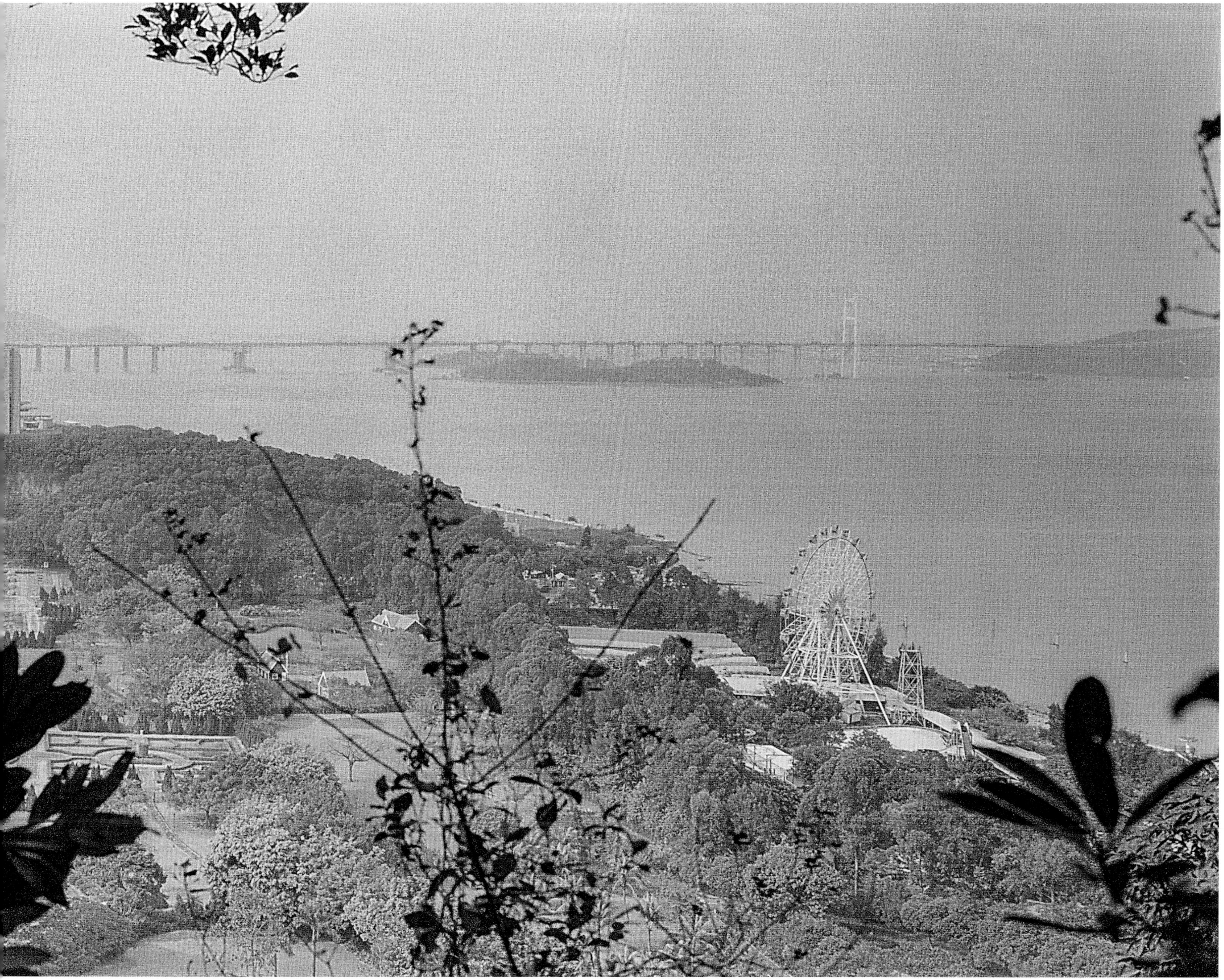

虎门桥下游艇会　2023 年

万顷沙"神马浮云"新景观　2022 年

大角湾昔日滩涂，落成南沙花园酒店　2023 年

蕉门水道新城区　2022 年

王懷生

王璜生

珠江·溯源 1984

珠江，对于生活在南方的很多人来讲，她总被称为"母亲河"，因为，她孕育着珠江流域6个省（区）的风物民情。这里的山山水水、一草一木、飞禽走兽、民风民俗，无不与这径流量全国第二、海拔落差2000多米的珠江水休戚相关；而最有意思的，还是生活在这里的每一个人眼中的珠江，以及每一个人与珠江之间的故事。

我与珠江特别的故事始于1984年。那年，在经历种种挫折、失落、无奈，但也有些转机的时候，我和画友李毅，突发奇想，要骑自行车珠江溯源，美其名曰"为了寻找梦中的橄榄树"。于是，从珠江的出海口伶仃洋上溯到云贵高原的曲靖沾益马雄山北麓珠江源，翻高山，过谷底，走荒坡，宿野店，几乎每天都在蹬车、推车、挥汗，还有大口喘气。全程3300多公里，我们骑行了79天。这一路最大的收获是路上的写生、写作和拍摄，我画了近100张水墨写生作品，写下了90000字左右的日记，以及拍摄了近1000张胶片。与珠江的这段特殊经历，在我的生命历程中有着重要而恒久的意义。

其实，对于画画的人来讲，摄影只是一种辅助手段，也是一种时髦的玩意儿，而当年骑行时穷当当的我们，能有这么多的胶卷，得益于汕头有公元胶片厂。那里有我们好多年轻的摄影朋友，他们能拿到检验剩余的胶卷样卷给我们去"试试"。就这样，在珠江溯源的一路上，从珠三角的桑基鱼塘、龙舟竞渡，到西江上的奇峰叠翠、水上人家，到桂西黔南的入云盘山土路、笼烟高脚木楼，再到云贵高原上的河边驴马集市和集市上的亲切山民，等等，都令我激动不已地不断按下快门。

真没想到，这三四十年间，珠江发生着很多很多的变化，曾经"有"的，如今没有了；曾经的"无"，如今却有了，这种"有无相生"，真是一种有趣并可能引发我很多思考的历史现象。而我当年的那些珠江流域生态考察摄影记录，以及绘画和文字等，也便多多少少具有了一定的历史与时间的价值，它们从某种角度印证着珠江的历史时间。

因此，当这次这一题为"珠江时间"的摄影展览看中了我这批虽然是胶片拍摄（那个年代也只有胶片），但是相机、拍摄技术、冲洗技术等都很不专业的照片时，我很惊讶自己一下子跻身到摄影界的专业圈子里。回看这些照片，画面粗糙的颗粒、松动的对焦、任性的构图、随意的光影等，与那匆匆行旅中的手震，及那渐渐远去、模糊的时代黑白图像，似乎更呼应着那个年代，以及这次"时间中的珠江"这样的展览主题。

——王璜生

广东新会　珠江三角洲水乡　1984年

广东顺德容奇（现为容桂） 珠江三角洲村头 1984年

51　　广东新会　小鸟天堂　1984 年

广东顺德 珠江三角洲水乡 1984年

广东中山　珠江三角洲水乡 1　1984 年

广东顺德　村头的石板路　1984年

广东中山　珠江三角洲水乡 2　1984 年

广东中山小榄　龙舟赛1　1984年

广东中山小榄　龙舟赛 2　1984 年

广东中山小榄　龙舟赛3　1984年

广东中山小榄 珠江三角洲的阿婆 1984年

广东顺德容奇　珠江三角洲水乡　1984年

广东肇庆　西江上的船只　1984年

广西苍梧　渡　1984年

广东封开　西江木筏　1984年

广西苍梧　带我们过河的小船　1984 年

广西桂平　船夫　1984 年

广西平南　平南的江边 1　1984 年

广西平南 平南的江边 2 1984 年

广西梧州　西江　1984 年

广西梧州新地 江边的孩子，身上绑着救生浮标 1984 年

广西平南　平南的江边 3　1984 年

广西武宣　山路　1984 年

广西梧州　江边　1984年

广西百色桠杈（天生桥水电站）桥　1984年

广西东兰　明代老石桥　1984 年

贵州安龙　云贵高原上　1984 年

贵州桑郎　渡口 I　1984 年

贵州桑郎　渡口 2　1984 年

贵州望谟　水车　1984 年

贵州望谟　赶圩的人1　1984年

云南召夸　召夸市集　1984 年

贵州望谟　市集　1984 年

贵州望谟　赶圩的人 2　1984 年

贵州望谟　市集上 1　1984 年

贵州望谟　市集上 2　1984 年

贵州望谟　市集上 3　1984 年

贵州望谟 卖装饰品 1984年

广西河池燕来　立房子　1984 年

广西武宣　武宣古城　1984年

贵州望谟　市集上 4　1984 年

贵州望谟　赶圩的人 3　1984 年

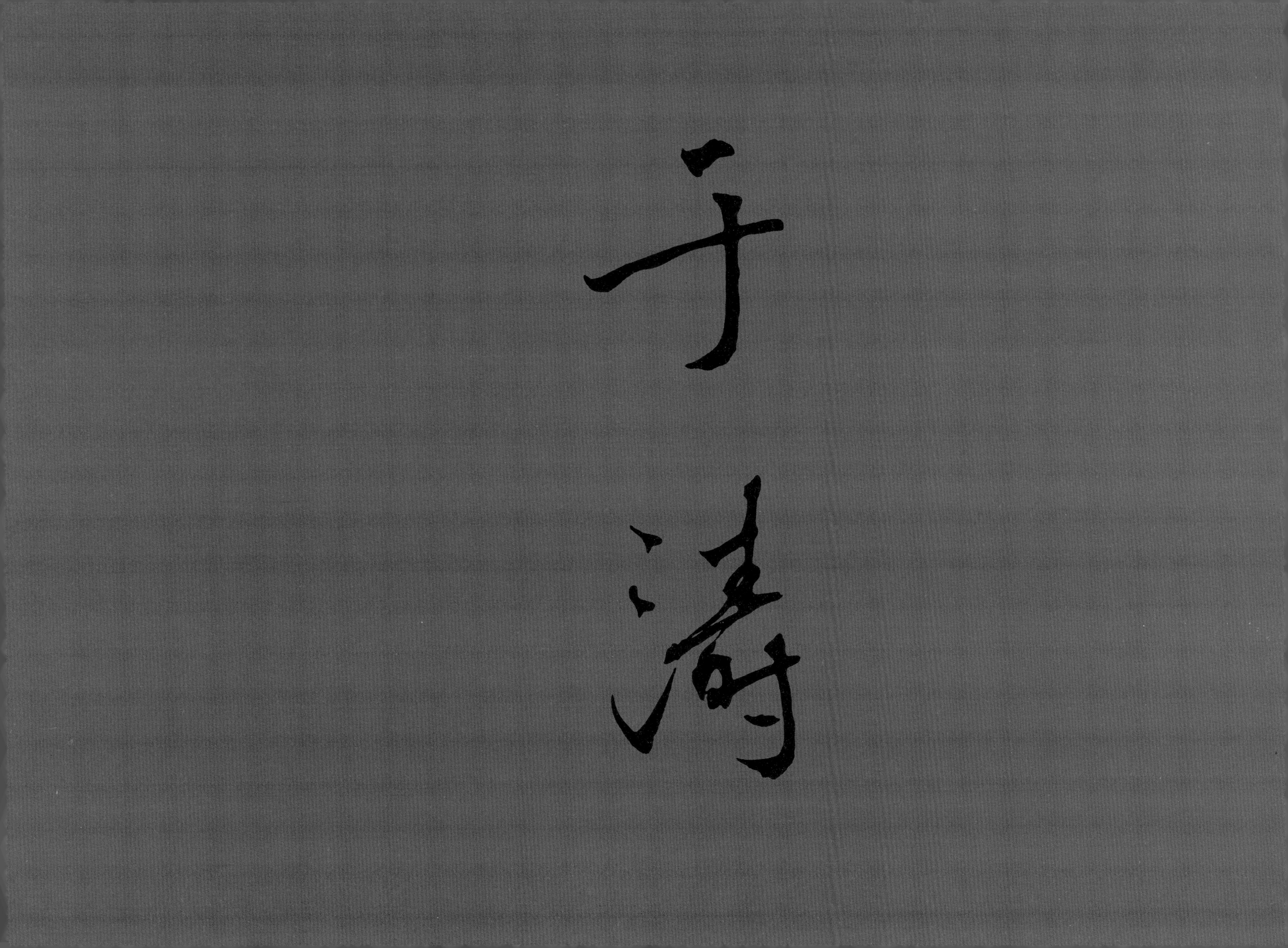

于涛

于涛

珠江·踏浪而歌
2011—2013

拍摄珠江的初衷，本是我致敬珠江母亲河的一次文化洄游。作为一个生活在大河沿岸，被珠江之水滋养三年之久的异乡孤客，我当以赤子之心，以爱与美反哺母亲一般的大河！

我生在西安，成长于关中农村。30岁前从未设想过自己未来会有在岭南生活的经历。世事无常，眨眼之间，我已在珠江边生活了10多年之久，他乡变成了故乡，他们的珠江也变成我们的珠江！

在此之前，我从未在同一个地方获取超过三年的生活体验！西安—重庆—成都—上海—广州—中山，九年间辗转于不同的城市，落草于报馆谋食。珠江是我的第二次降生之地，因为我在这里得以用摄影完善精神上的自洽，也得以在故乡与他乡之间泰然自若，不再踌躇不安，生命里最本真的东西开始从内心浮现。这一切均得益于珠江母亲河！

最终成型的摄影作品，没有用镜头修饰与美化，而是竭尽全力地凝望与思考，我想探寻的是历史迷雾中人与河之间的隐秘情感！

我在这个系列的作品里不是旁观者与他者，而是以平静的视角凝视风物与内观之人，我坚信我和我的拍摄对象都受到了足够尊重，我们生而平等，拍而平等。那些站在江岸回眸凝望的孩童与站在江心望向远山的少年，和我一样，都是投靠母亲的游子，珠江入海口移民潮的一分子。我身上带着故乡的印记、秦人的灵魂和波西米亚式的快乐与怅惘，临渊观水，踏江而歌，感受到母亲河的风情与哀伤，这是当代中国人独有的一份情愫，以珠江为映像，为游子而歌，心旌摇曳。

艺术批评家海杰在其批评文章《以河流为实验的剧场》中指出过这一点：《珠江》运用当代艺术观念，也糅杂了多视域的审美体验。的确，本人试图在珠江这套作品中构建一种全新的视觉语言，即以传统和习见的风景摄影为载体，注入中国传统文化审美情趣，力求在作品中呈现出一种全新的视觉效果，达到审美上的一种转向。

珠江，拍出的是风景，隐藏的却是反思。我眼里的珠江风景呈现的不是诗情画意的简单罗列，也不是构图带来的视觉冲击，而是珠江当下的样貌，她身上掺杂着后现代的碎片，裹挟着农业时代的遗迹，又具有现代工业社会的残酷性和荒谬性。我的珠江是我看到的珠江，是不讲修饰、素颜朝天的母亲，仅此而已。

母亲的愁苦，母亲的温柔，是在化石般的历史岩层里找一口吃的，是在钉子一般尖锐、野蛮的打击后挺身而起，以血脉相连的神性光辉冲破迷雾，抚慰人子之心。她承受了太多委屈，也被剥夺了太多财富，但依旧富有，静观万物。还有比这更加动人的偶遇和命运吗？面对这样的河流，我宁可选择平静地凝视，也不会逼着她涂脂抹粉。

我的理念与审美范式，可能超离于流行的经验，除了静物与风景，我拍摄最多的就是江畔神态自若的人像。这些江边之人，平静地凝视镜头，没有夸张的、戏剧化的演技，也没有漂亮的光影，他们是奥古斯特·桑德与沃克·埃文思的同伴。

去除粉饰和表演性，还原珠江，这说到底不是技巧问题，而是审美转型的问题。廉价的笑容和故作姿态的表情，那是肥皂剧的趣味。一个凝视的眼神，总是直入人心。我更喜欢摄影技术的极简主义，我信任《诗经》里具有的那种中国式的审美，因为它简单而又真实，它以最简单的手段，传递着最深沉的智慧。

诗歌是我生命的底色，照见命定的哀伤与美丽！

所有的一切

只为看到你的容颜

触碰到你的肌肤

那一刻

一身的尘埃与艰辛

都将化作一缕春风

—— 于涛

第 10 站　珠江·广西藤县　大雾中的船

第 03 站　珠江·广东广州　细雨中伫立在江边的女子

第 01 站　珠江·广东广州　南沙入海口

第 01 站　珠江·广东东莞　威远炮台的观光客

第 07 站　珠江·广东德庆　牵着手的父女向江心走去

第 12 站　珠江·广西桂平　在江边刺绣的红衣女子

第 22 站　珠江·云南曲靖　沿江乡撒网捕鱼的男人

第 11 站　珠江·广西平南　在江边游玩的年轻人

第07站 珠江·广东郁南 在江边休闲游乐的当地人

第 4 站　珠江·广东佛山高明　江边洗衣的妇人

第 18 站　珠江·贵州万峰湖　湖心怪石嶙峋

第 23 站　珠江·云南花山湖　干旱导致红色的湖底裸露

第 09 站　珠江·广西梧州　江边用作旅游观光的蒙古包

第03站　珠江·广东广州南沙　张网捕鱼

第01站 珠江·广东虎门 从虎门炮台眺望虎门大桥

第 10 站　珠江·广西藤县　废弃的老码头

第 16 站　珠江·广西岩滩　躲避台风的船舶

第15站　珠江·广西合山　被丢弃的奇石

第18站 珠江·贵州万峰湖 矗立在江心的城堡酒店

第 23 站　珠江·云南沾益　从古老石桥驶过的水泥车

第10站 珠江·广西藤县 晨雾中的石桥

第 13 站　珠江·广西武宣　江边的红色吊车

第13站 珠江·广西武宣 江边的远洋货柜

第 13 站　珠江·广西武宣　岩石江岸

第 14 站　珠江·广西来宾　放飞粉色气球的情侣

第02站 珠江·广东东莞 挖开的河道

第05站 珠江·广东佛山三水 渔夫

第 15 站　珠江·广西合山　江边奇石

第 17 站　珠江·广西龙滩　望着水坝的女孩

第 18 站　珠江·贵州万峰湖　白马与垂钓者

第 24 站　珠江·云南曲靖　珠江源头

謝
群
山

胡群山

珠江源·盘江考

2013—2024

南盘江和北盘江都发源于云南省曲靖市境内的马雄山。南盘江发源于马雄山东麓。

这样，曲靖市沾益区炎方乡的马雄山，在滇东地区不仅成了珠江水系与长江水系的分水岭，而且成了南盘江、北盘江、牛栏江三条河流的发源地。"一水滴三江"，也自然成为萦绕着马雄山的一个美谈。当然，最终使马雄山名气渐大的，还是其东麓的大锅洞出水口。该出水口在1985年被水利部珠江水利委员会确认为南盘江源头，也即珠江正源。

《珠江源碑记》写道："滴水分三江，一脉隔双盘。主峰巍峨，老高峙立。溪流涌泉，若暗若明，汇涓蛰流，出洞成河，水流汩汩，终年不绝。是乃珠江之正源。"

300多年前，为探寻南盘江的走向，徐霞客一进云南，就马上开始了他的寻江溯源。他曾两次出入曲靖，就是为了考证南盘江的源头走向，并在其写的《盘江考》中，第一次明确指出："今以余所身历综校之：南盘自沾益州炎方驿南下，经交水、曲靖，南过桥头，由越州、陆凉、路南，南抵阿弥州境北，合曲江、泸江，始东转渐北，合弥勒巴甸江，是为额罗江；又东北经大柏坞、小柏坞，又北经广西府东八十里永安渡，又东北过师宗州东七十里黑如渡，又东北过罗平州东南巴旦寨，合江底水；经巴泽、巴吉，合黄草坝水；东南抵坝楼，合者坪水；始下旧安隆，出白隘，为右江。"

由于徐霞客最初87天的滇游日记于清顺治二年（1645年）的变乱之中毁于火，所以他第一次入交水城考察南盘江的情况，我们再也无法得知，这对于我们而言是个巨大损失；对于"入滇第一州"、珠江发源地沾益来说，更是一件十分遗憾的事情。

鉴于这样的状况，我不得不以自己的田野调查方式去探寻徐霞客在曲靖的足迹。当然，面对当下发生的巨大变化，其足迹仅仅是我此次拍摄项目的一个线索。好在我的前两个专题摄影作品都与这条被曲靖老百姓视为母亲河的南盘江有关，而在改革开放的大潮中，该流域老百姓的日常生活状态和精神状态，更是无时无刻不在牵动我的心，让我在拍摄过程中能够把控自己的拍摄方向。关注身边的人和事，一直以来都是我创作的思想基础，这或许也是多年以来激励我坚持创作的动力。

我于2012年开始拍摄《刘麦地——珠江源头第一村》，2016年开始拍摄《潦浒的"叶子缸"和"碗花"》，两个专题作品都是以珠江源和南盘江的农耕文化发展变化为我的创作背景的。近期，又以徐霞客的《盘江考》为创作蓝本，开始了我对南盘江的进一步探索与创作。我之所以能持续不断地对南盘江流域予以关注，一方面与我生长在这片土地上的记忆与情怀有关，但更重要的还是这条河流始终与我的生命融合在一起，这里发生的一切变迁，都与我们这个时代的发展变化息息相关。特别是被这条河流养育的人们，随着时代的发展，他们的生活更是丰富多彩。这都为我的创作提供了源源不断的动力和灵感。

当然，当我再一次审视这个题材，特别是在思考以什么样的心态和创作理念去完成这个具有挑战性的项目时，面对不一样的场景和人们的日常生活状态，我的内心世界充满了期待，在精神层面上更是得到了升华。

300多年，沧海一粟。徐霞客以一己之力，以其坚韧不拔的毅力完成了《盘江考》，为后人留下了这一珍贵的遗产，是需要何等的勇气和决心！作为摄影人，如何面对当下去表达自己的理念与诉求，这对我或许是一种考验。但是，我认为，只要把徐霞客的"大丈夫当朝碧海而暮苍梧"作为自己的精神支柱，面对当下，还有什么事不可以做好呢！

用影像记录的方式去完成自己的创作，特别是记录当下所发生的一切变化，尽管只是一个区域的缩影，但是，在大的时代背景下，它肯定也能管窥一斑，折射出不一样的时代风貌。这或许就是我的一种创作态度。

——胡群山

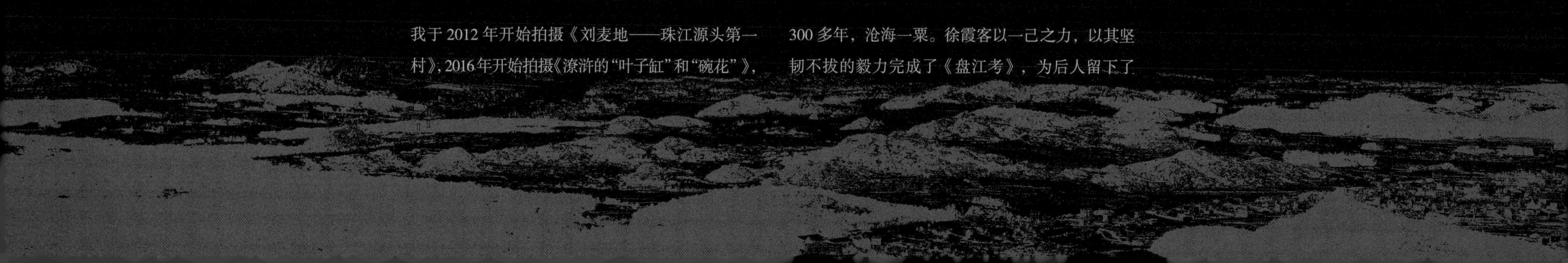

珠江源风景区马雄山上的"元江栲林"石刻碑文说明　2022年8月

珠江源风景区入口处的徐霞客雕像　2024年2月

进入刘麦地所见到的"珠江源"石牌坊　2014年7月

花山湖——珠江源刘麦地"九十九龙潭"的水都汇聚于此，最终注入珠江，奔向大海　2013年2月

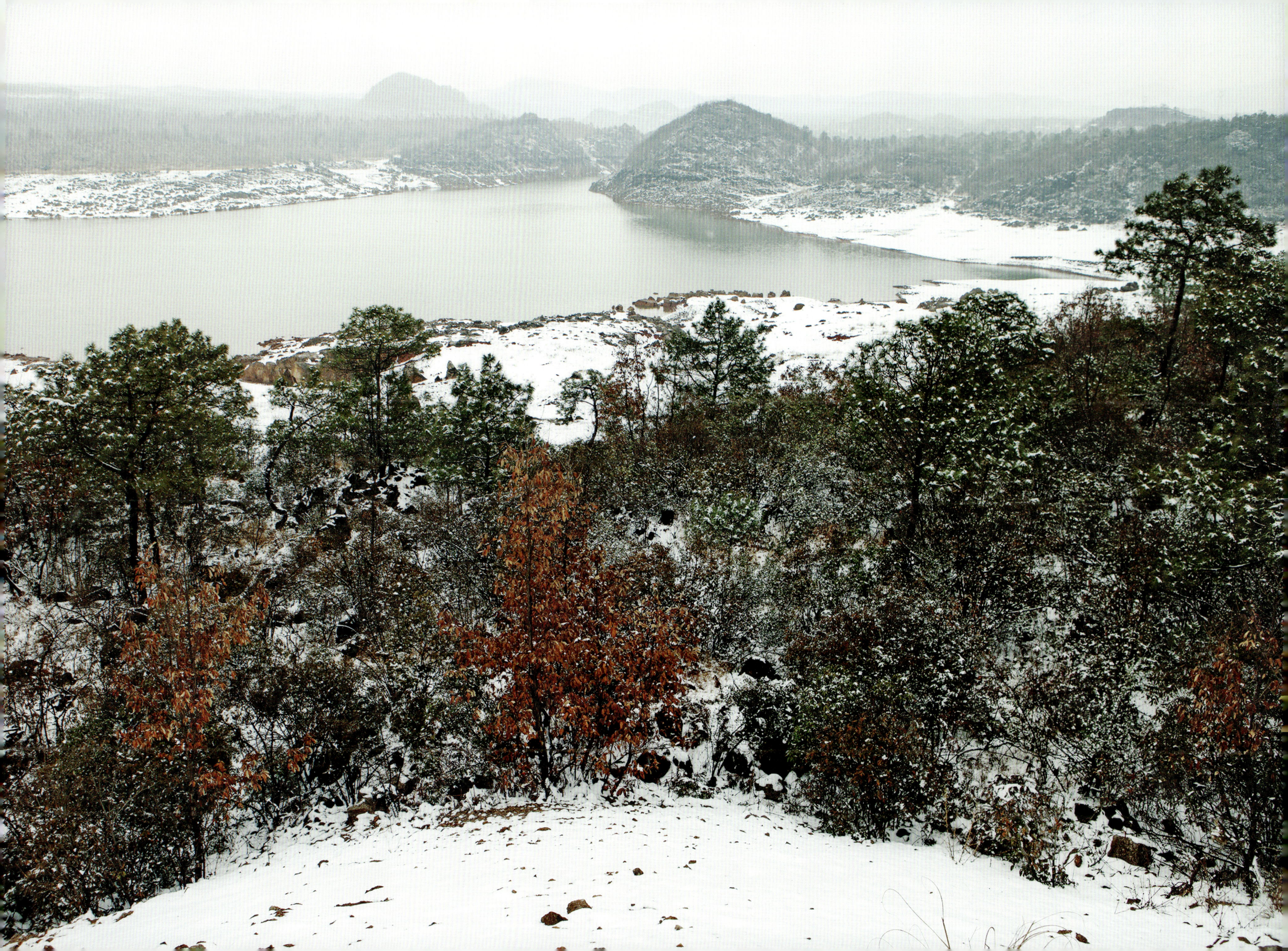

从珠江源风景区搬迁出来的苗族人家　2015 年 5 月

珠江源刘麦地铁家坟（岔河）、大渡口（珠江源）、老乌龙龙潭三股水源交汇处，桥墩的雕花石是"文革"时从蒋家坟地取的　2013年10月

珠江源刘麦地三组，收获苞谷的杜发宝、詹外林夫妇。杜发宝常年在外打工，家里主要靠老婆操持家务，据他老婆说，杜发宝是个孝子，他的母亲已经80多岁了 2013年10月

珠江源苹果园的钱朝艳说，地边种的这些树是等孩子上大学时，就砍了卖的，把钱作为孩子的学费　2014年7月

珠江源刘麦地　采摘豌豆的季节　2013年9月

珠江源刘麦地四组　村里的独木桥小寺——土地庙，每逢初一、十五都有人拜祭　2013年2月

珠江源刘麦地三组　在自家院落里的老两口　2013年10月

珠江源刘麦地　村民盖的小洋楼，有一个显著的特点，那就是墙面上都贴满了各式各样的瓷砖　2023年9月

南盘江上游潦浒村　瓷厂里堆积如山的废弃瓷碗残片　2018年8月

南盘江上游三宝村的石宝山寺　2024年3月

南盘江上游九孔桥旁的高架桥下垂钓的人　2023 年 7 月

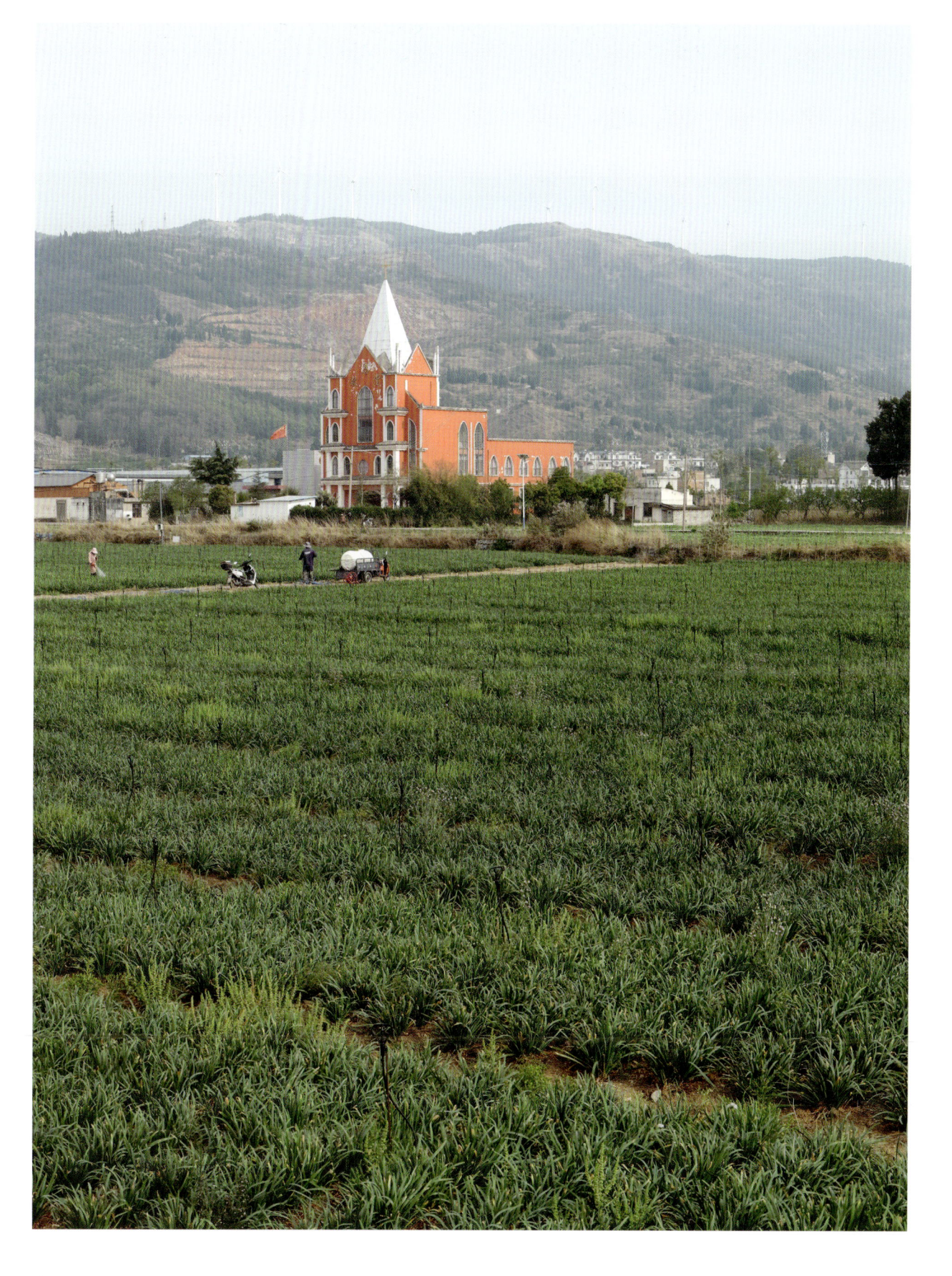

南盘江上游珠街基督教救恩堂　2024年3月

从曲靖沾益马雄山上俯瞰珠江发源地　2024年3月

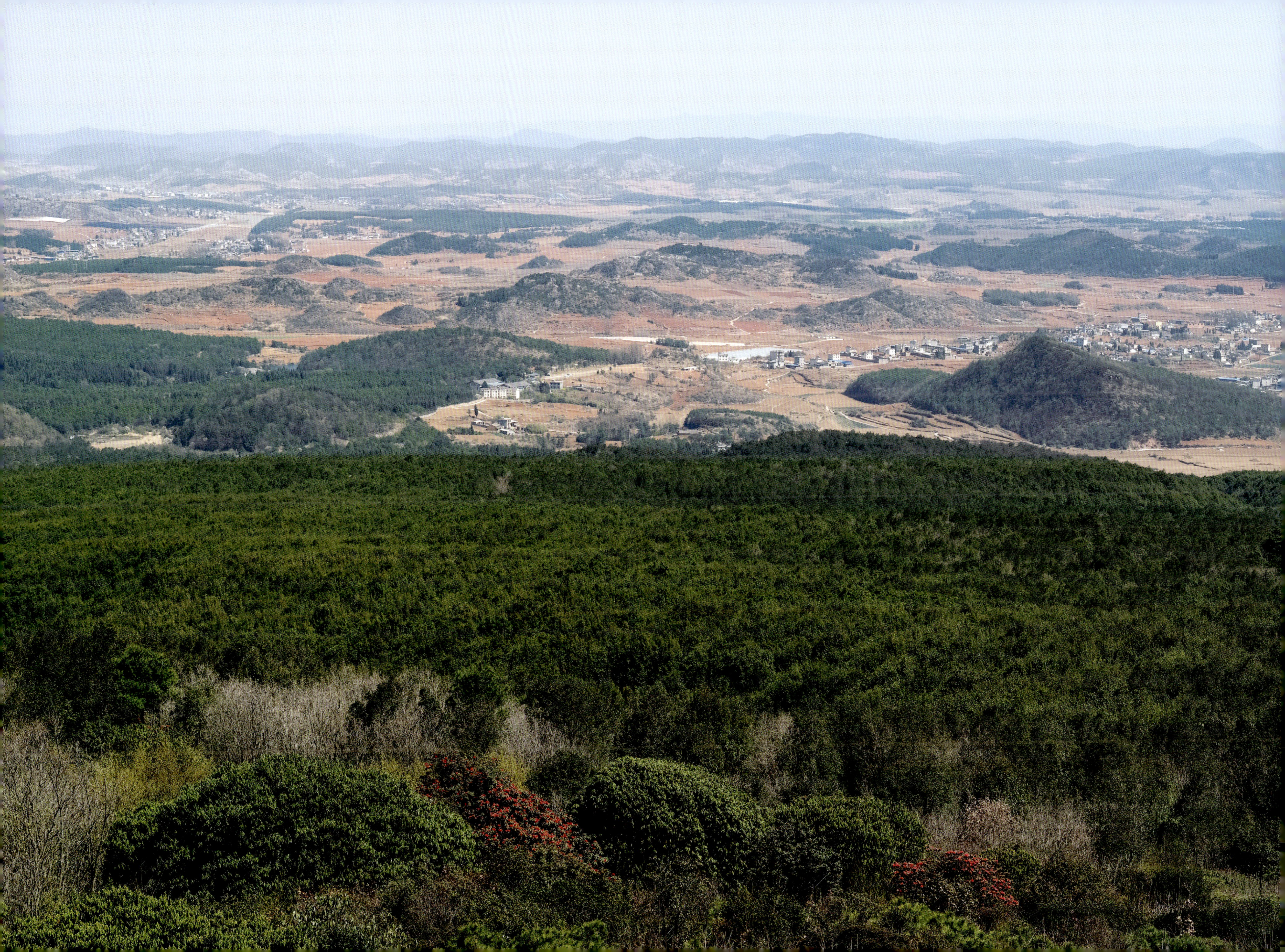

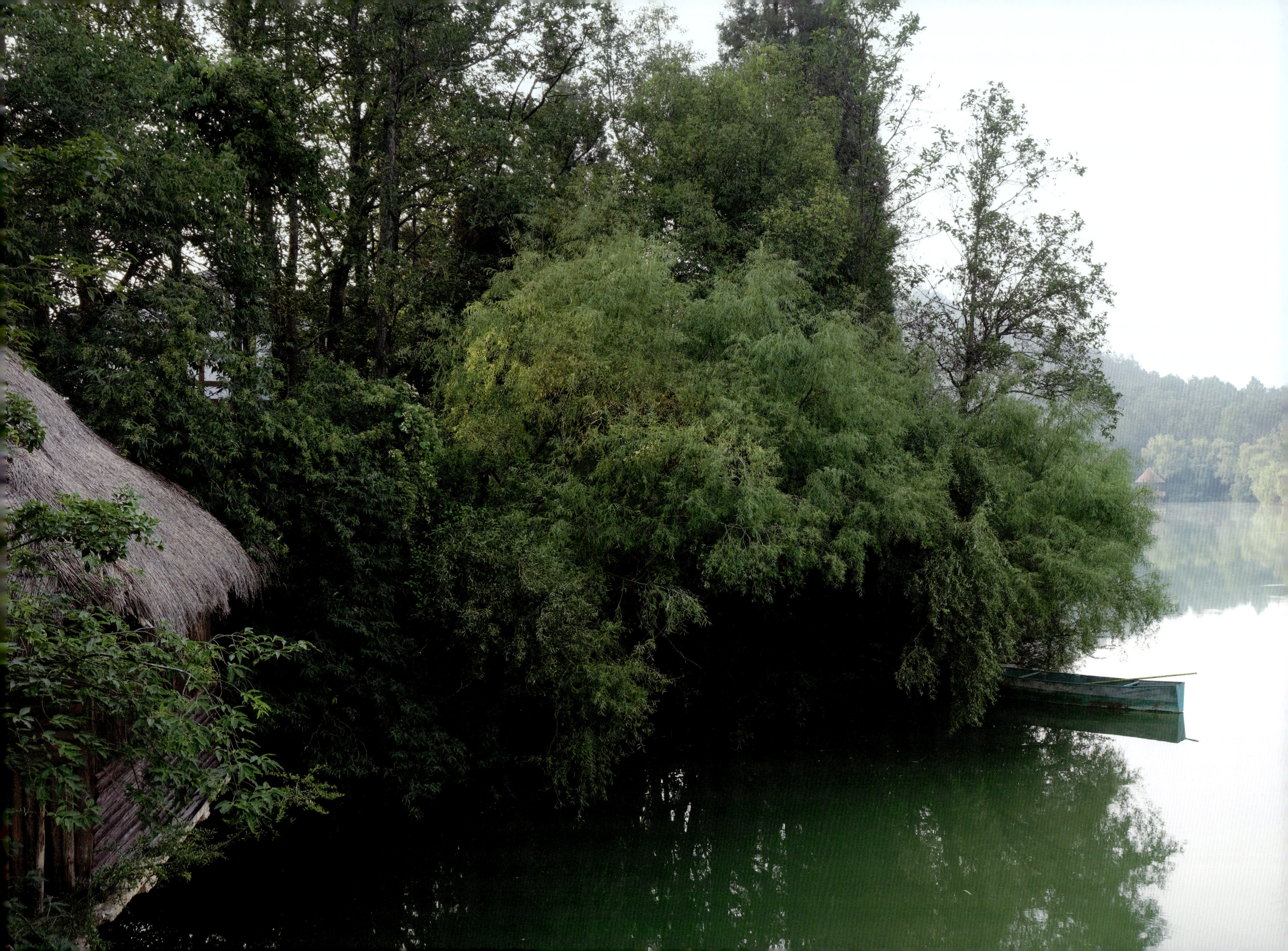

珠江源出水口的人工蓄水湖　2022 年 8 月

春天，"珠江源"牌坊附近开满桃花　2024年3月

珠江源马雄山上开满鲜花的高大杜鹃树　2024年3月

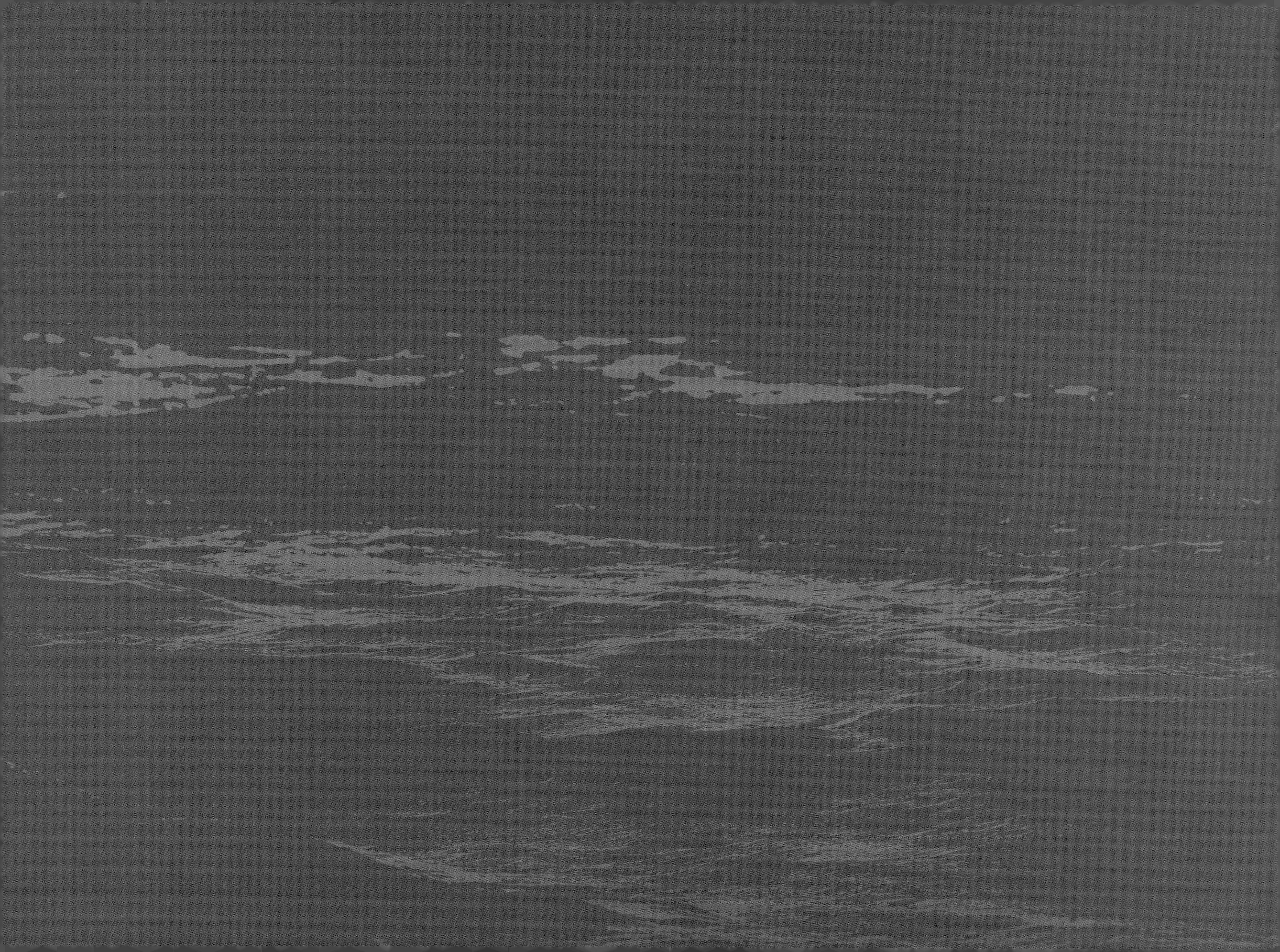

許培武　　王璜生　　于涛　　謝群山

许培武

许培武
南沙，南沙
2002—2024

1990年代开始拍摄广州城市影像，历时20年完成广州珠江新城、南沙新城城市变迁摄影项目，并出版系列摄影画册。2008—2023年创办"中国风景"第一至第五回摄影群展。2013年至今拍摄作品《李白诗歌行旅图》。

在瑞士伯尔尼艺术博物馆、法国国家自然历史博物馆、英国伯明翰博物馆、广东美术馆、北京恭王府博物馆、江油李白纪念馆参加国际大型艺术展或举办个人重要艺术展览。

印行个人摄影画册《一座新城的肖像——广州珠江新城20年变迁史》《南沙——最后一只蜥蜴》《诗仙李白》。主编《中国风景》第二至第五回摄影集，获2021年第九届大理国际影会"金翅鸟最佳作品集大奖"。

摄影作品被中央美术学院美术馆、广东美术馆、广州美术学院美术馆、恭王府博物馆、香港M+博物馆、英国伯明翰博物馆收藏。

王璜生

王璜生
珠江·溯源
1984

美术学博士。中央美术学院教授、博士生导师，广州美术学院新美术馆学研究中心主任，中国美术家协会策展委员会副主任，中国博物馆协会美术馆专业委员会副主任，香港康文署博物馆专家顾问，德国海德堡大学、云南大学特聘教授。曾为广东美术馆馆长、中央美术学院美术馆馆长、广州美术学院美术馆总馆长。

2004年获法国政府颁发的"文学与艺术骑士勋章"，2006年获意大利总统颁发的"骑士勋章"，2013年获"北京市优秀教育工作者"称号。获"中国艺术权力榜"之"年度策展人奖"（2010年）、"年度艺术贡献奖"（2017年）。

创办和策划"广州三年展""广州国际摄影双年展""CAFAM双年展""CAFAM未来展""北京国际摄影双年展""泛东南亚双年展"等大型展事。

曾在德国、英国、澳大利亚、美国等国，以及北京、上海、广州、杭州、南京、武汉、桂林、昆明、贵阳、香港、台湾等地公共机构举办个人艺术展。

作品为英国维多利亚与阿尔伯特博物馆、英国大英博物馆、英国牛津大学阿什莫林博物馆、意大利乌菲齐博物馆、意大利曼托瓦博物馆、德国霍夫曼收藏馆、德国波恩当代艺术馆、德中文化交流基金会、中国美术馆、中央美术学院美术馆、南京艺术学院美术馆、广东美术馆、浙江美术馆、湖北美术馆、安徽博物院、苏州博物馆、广西师范大学出版社美术馆、上海龙美术馆等收藏。

于涛

于涛
珠江·踏浪而歌
2011—2013

2003年本科毕业于西安美术学院，现工作、生活于陕西西安与广东中山两地。

2000年开始摄影创作，2011年开始纪实摄影作品《珠江》《终南山·隐者》《光阴·十年》的创作。

摄影艺术作品先后在平遥·国际摄影节（2003）、珠海兰格影艺坊（2013）、金陵美术馆（2016）展出。

2021年6月15日，由布列松艺术基金会专家策展，《珠江》摄影系列作品在法国巴黎爱马仕工作室展出。

2021年9月27日，入选"中国风景（第五回）——奇园胜境"（第九届大理国际影会展览）。

2021年3月，《珠江》摄影画册列入由刘铮主编、浙江摄影出版社出版的《中国当代摄影图录》系列。

作品被法国巴黎爱马仕工作室、兰州谷仓当代影像馆、郴州东江湖摄影艺术馆、西安美术学院美术馆、上海宝龙美术馆等收藏。

胡群山

2020年，《寻觅怒江》参加第四届"天鹅之城——中国三门峡自然生态国际摄影大展"（河南三门峡）；2018年，《潦浒的"叶子缸"和"碗花"》参加"2018（第七届）西双版纳国际影像展"（云南景洪），《刘麦地——珠江源头第一村》参加"2018首届北镇国际摄影大展"（辽宁沈阳），《卡瓦格博的朝圣之路》入围"第二届中国民族影像志摄影大展"（北京），《卡瓦格博的朝圣之路》参加"保持记录——2017西安国际摄影邀请展"（陕西西安）。

2021年，参加"中国风景（第五回）——奇园胜境"（第九届大理国际影会）；2019年，《卡瓦格博的朝圣之路》参加"2019第二届韩国仁川亚洲海洋媒体艺术节国际摄影展"（韩国仁川）。2016年，《血色——史迪威公路》参加"国家艺术基金2014年度创作优秀项目作品"全国二十个城市（北京、南昌、厦门、沈阳、长春、昆明等）巡回展。2015年，《血色——史迪威公路》参加"历史不容忘却——纪念中国人民抗日战争暨世界反法西斯战争胜利70周年摄影联展"大理、保山、昆明巡展。

2018年，出版《血色——史迪威公路》。

作品被中央档案馆、云南省档案馆、国家艺术基金管理中心、大理摄影博物馆、昆明市文化馆、西安崔振宽美术馆、中国民族博物馆收藏。

胡群山
珠江源·盘江考
2013—2024